Texto
**Thais Evangelista
e Frederico Brito**

Ilustrações
Vitor Pedroso

O MENINO VAQUEIRO QUE SONHAVA EM SER JANGADEIRO

CB082613

Saíra
EDITORIAL

Copyright do texto © 2025 Thais Evangelista e Frederico Brito
Copyright das ilustrações © 2025 Vitor Pedroso

Direção e curadoria	Fábia Alvim
Gestão comercial	Rochelle Mateika
Gestão editorial	Felipe Augusto Neves Silva
Diagramação	Isabella Silva Teixeira
Revisão	Mariana Serrano

Dados Internacionais de Catalogação na Publicação (CIP) de acordo com ISBD

E92m Evangelista, Thais

    O menino vaqueiro que sonhava em ser jangadeiro / Thais Evangelista, Frederico Brito ; ilustrado por Vitor Pedroso. - São Paulo, SP : Saíra Editorial, 2025.
    72 p. : il. ; 18cm x 23cm.

ISBN: 978-65-86236-86-6

    1. Literatura infantil. I. Brito, Frederico. II. Pedroso, Vitor. III. Título.

2023-87

CDD 028.5
~~CDU 82-93~~

Elaborado por Odilio Hilario Moreira Junior - CRB-8/9949

Índice para catálogo sistemático:
2.Literatura infantil 028.5
2. Literatura infantil 82-93

Todos os direitos reservados à Saíra Editorial

📞 (11) 5594 0601   💬 (11) 9 5967 2453
📷 @sairaeditorial   f /sairaeditorial
🌐 www.sairaeditorial.com.br
📍 Rua Doutor Samuel Porto, 396
    Vila da Saúde – 04054-010 – São Paulo, SP

Para quem não desiste de alcançar seus sonhos, onde quer que estejam e por mais improváveis que pareçam.

VOU CONTAR UMA HISTÓRIA
ARRETADA PRA DANAR.
GUARDO ELA NA MEMÓRIA,
PARE UM POUCO PRA ESCUTAR.

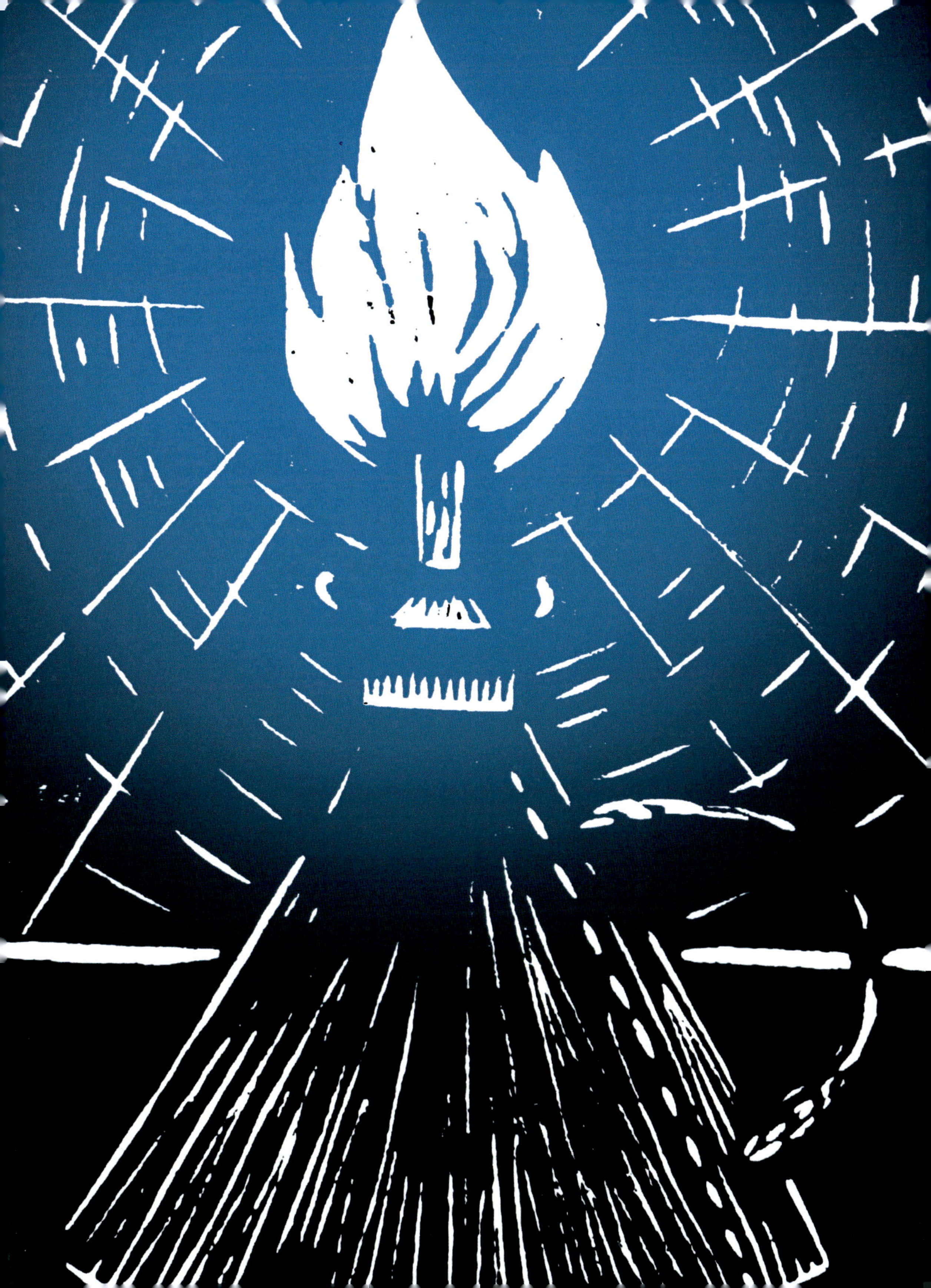

É A SAGA DE UM MENINO
QUE NASCEU LÁ NO SERTÃO.
BEM MIRRADO E FRANZINO,
MAS TINHOSO FEITO O CÃO.

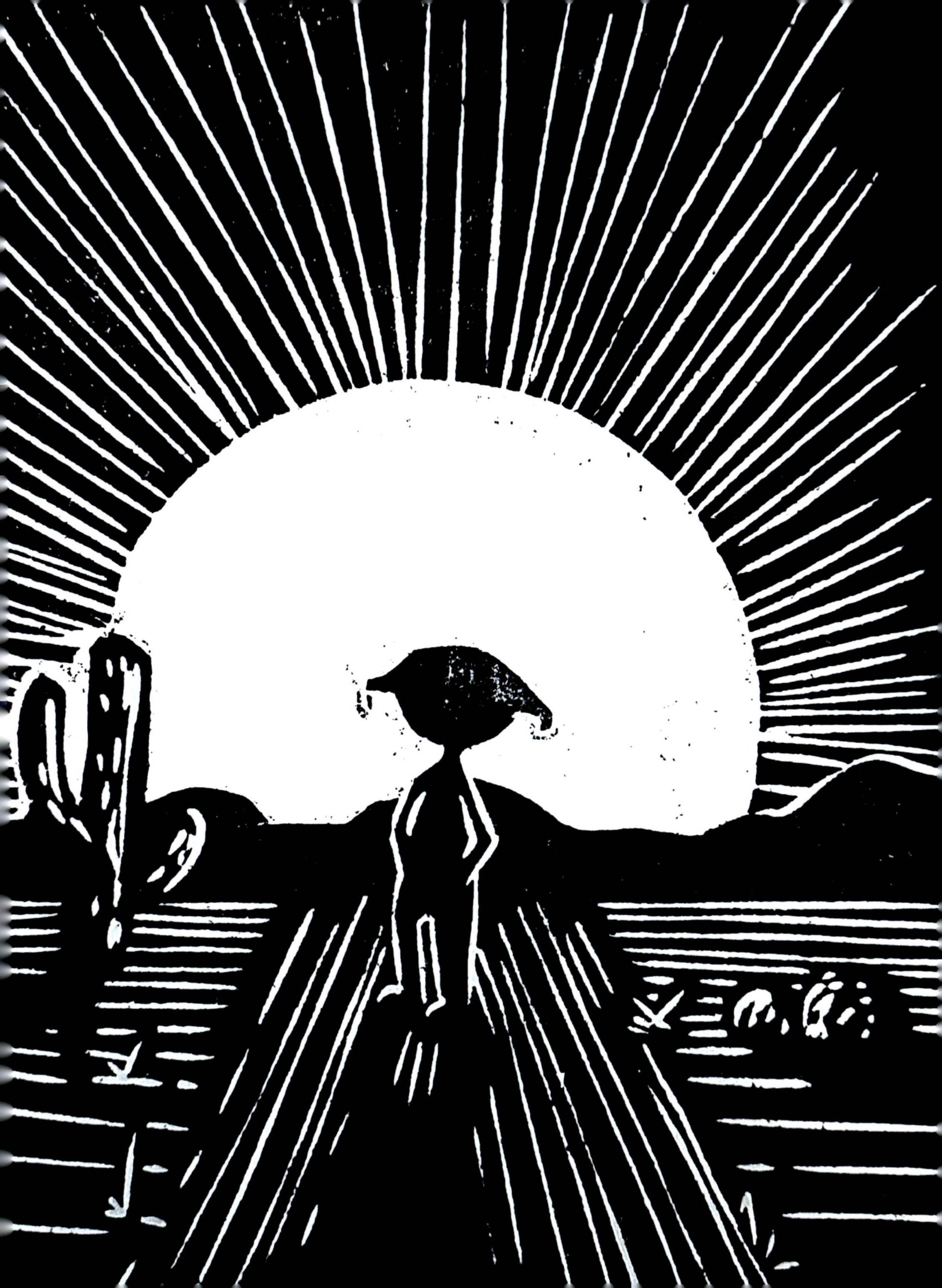

FILHO DE DONA JOSEFA
E DE SEU SALUSTIANO.
MULHER BOA E HONESTA,
CABRA JUSTO E HUMANO.

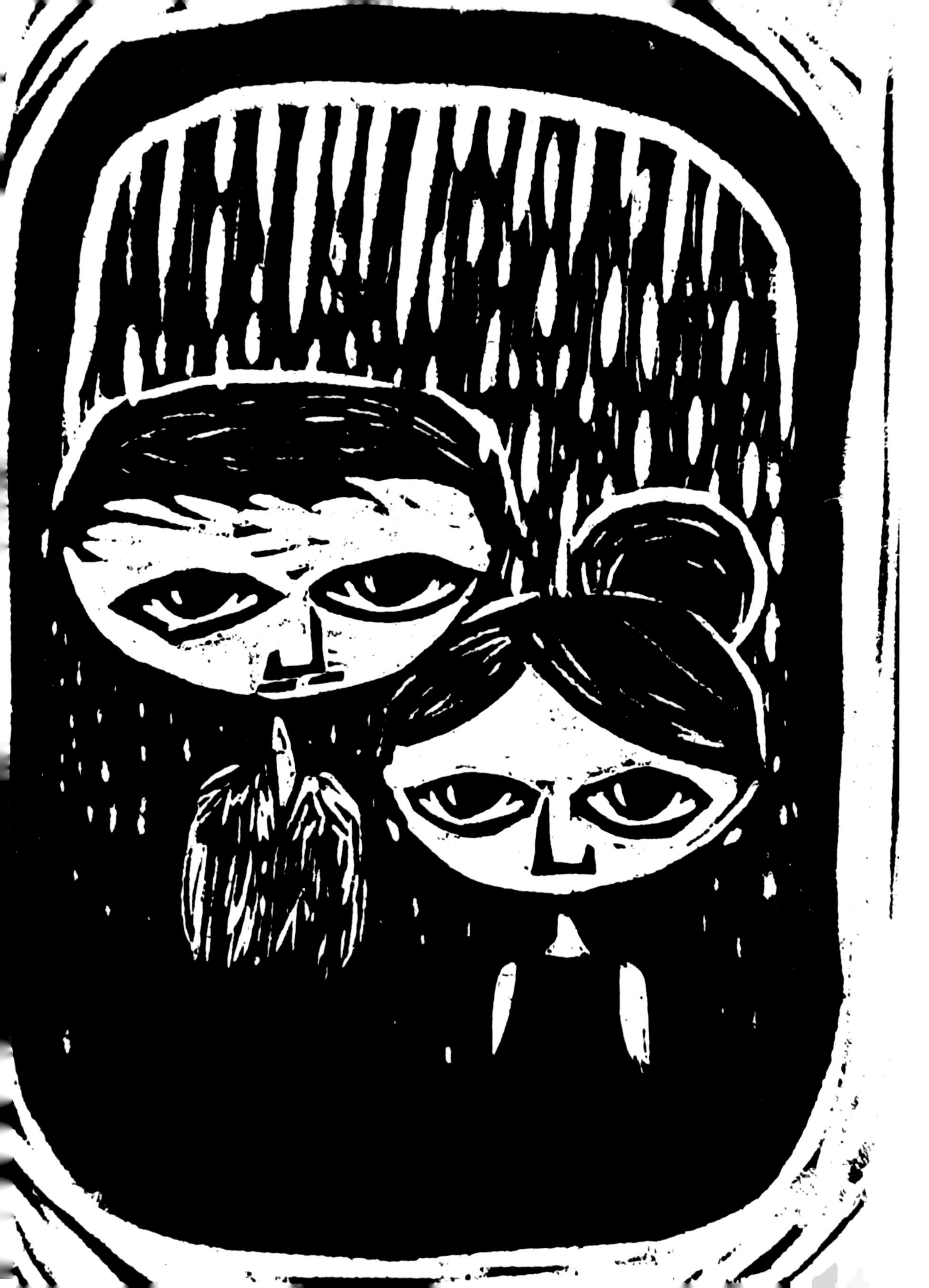

MAIS VELHO DE SETE IRMÃOS,
ERA O FILHO VENERADO.
JÁ NASCEU COM UMA MISSÃO:
DO VAQUEIRO, O LEGADO.

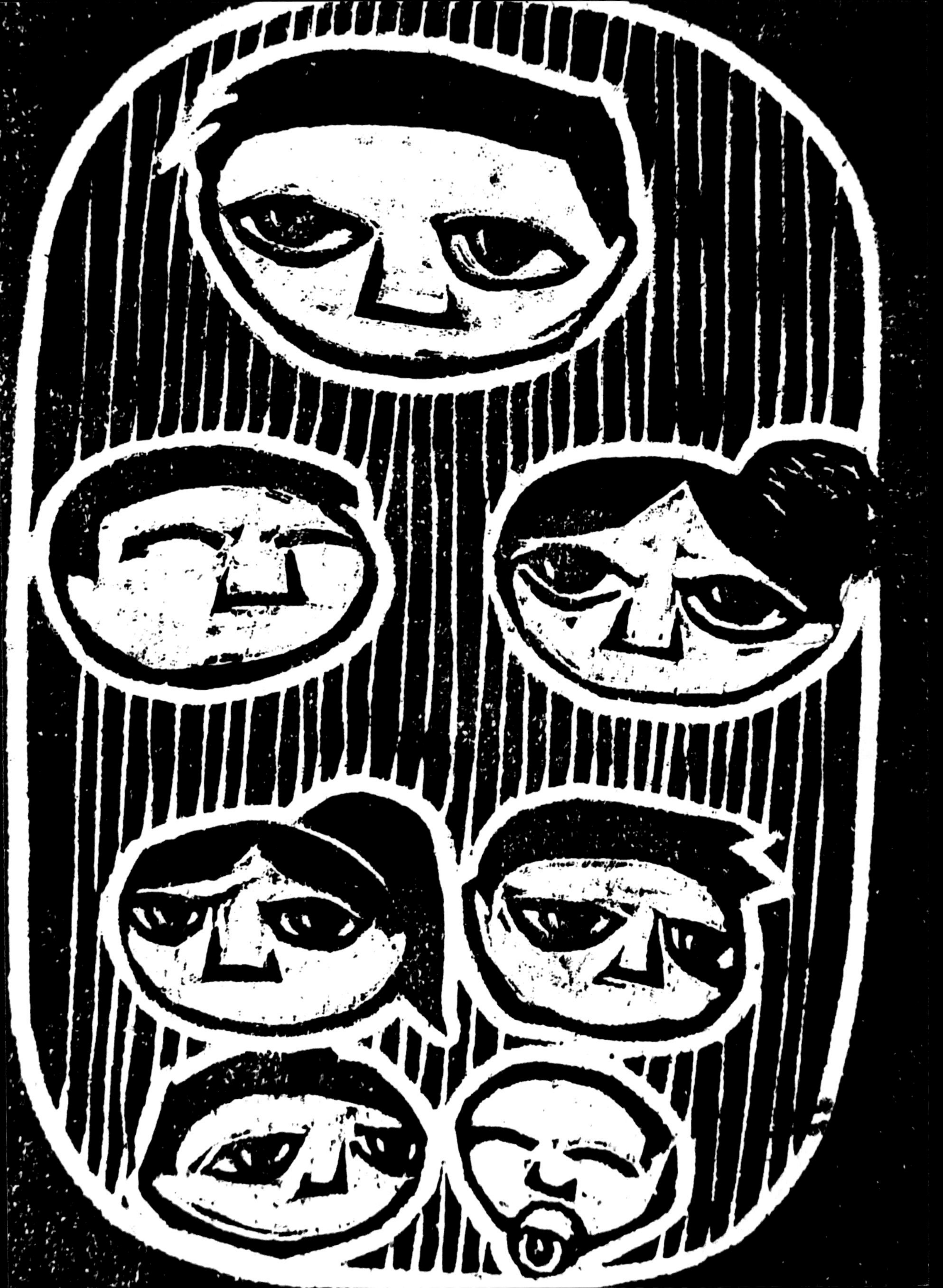

TINHA NOME DE REGISTRO,
QUE SE PERDEU AO LÉU.
O CHAMAVAM DE APELIDO:
CONHECIDO POR XEXÉU.

XEXÉÉU

NO SERTÃO DO CEARÁ,
O MENINO SE CRIOU.
VENDO O AÇUDE A SECAR
NO CHÃO QUE O SOL RACHOU.

15

XEXÉU APRENDEU A LIDA
COM SEU PAI SALUSTIANO,
MAS SONHAVA COM OUTRA VIDA...
(ELE TINHA OUTRO PLANO...)

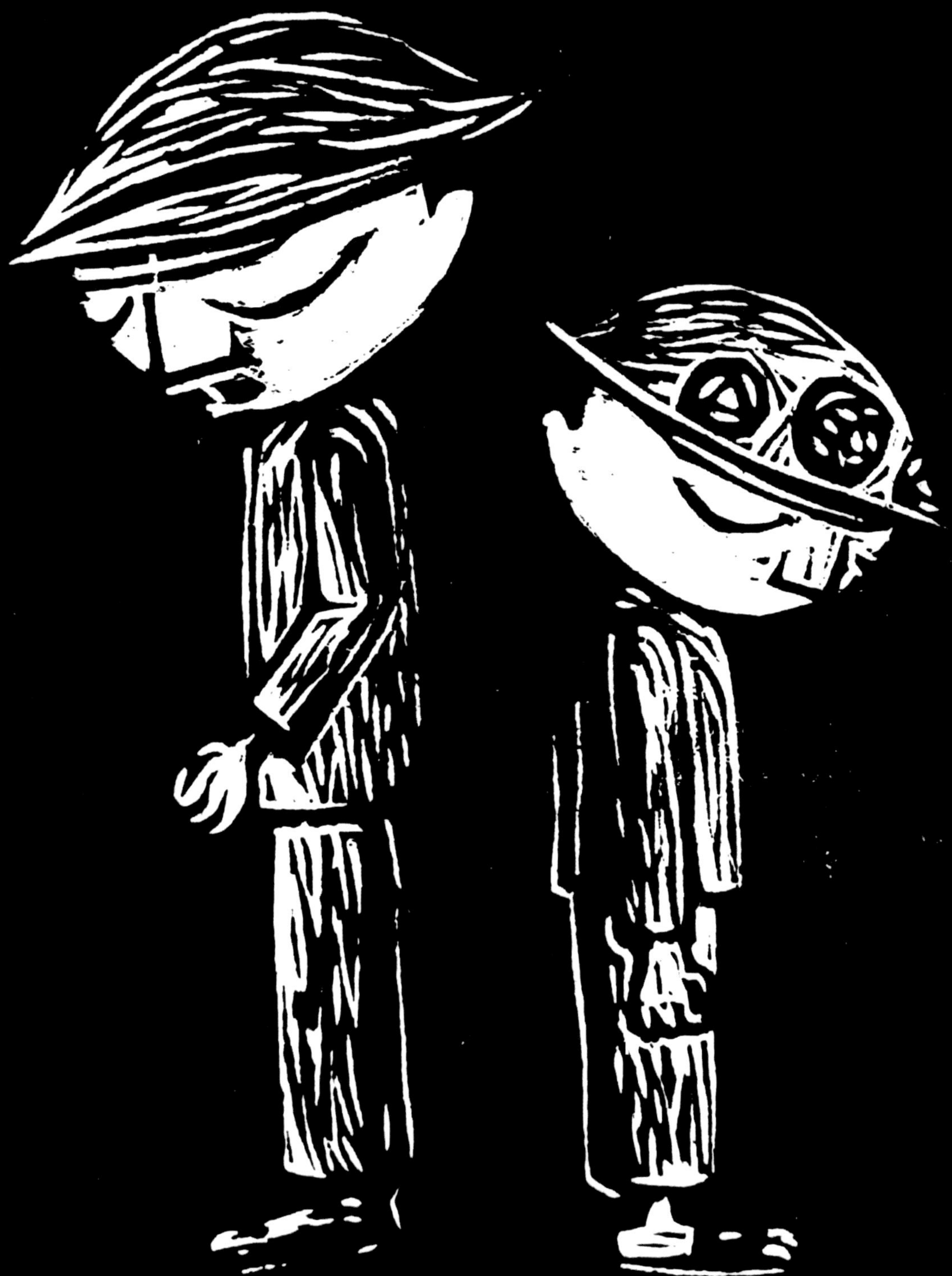

O VELHO PAI ERA VAQUEIRO,
LENDA VIVA DO AGRESTE,
QUE ABOIAVA O ANO INTEIRO —
PENSE NUM CABRA DA PESTE!

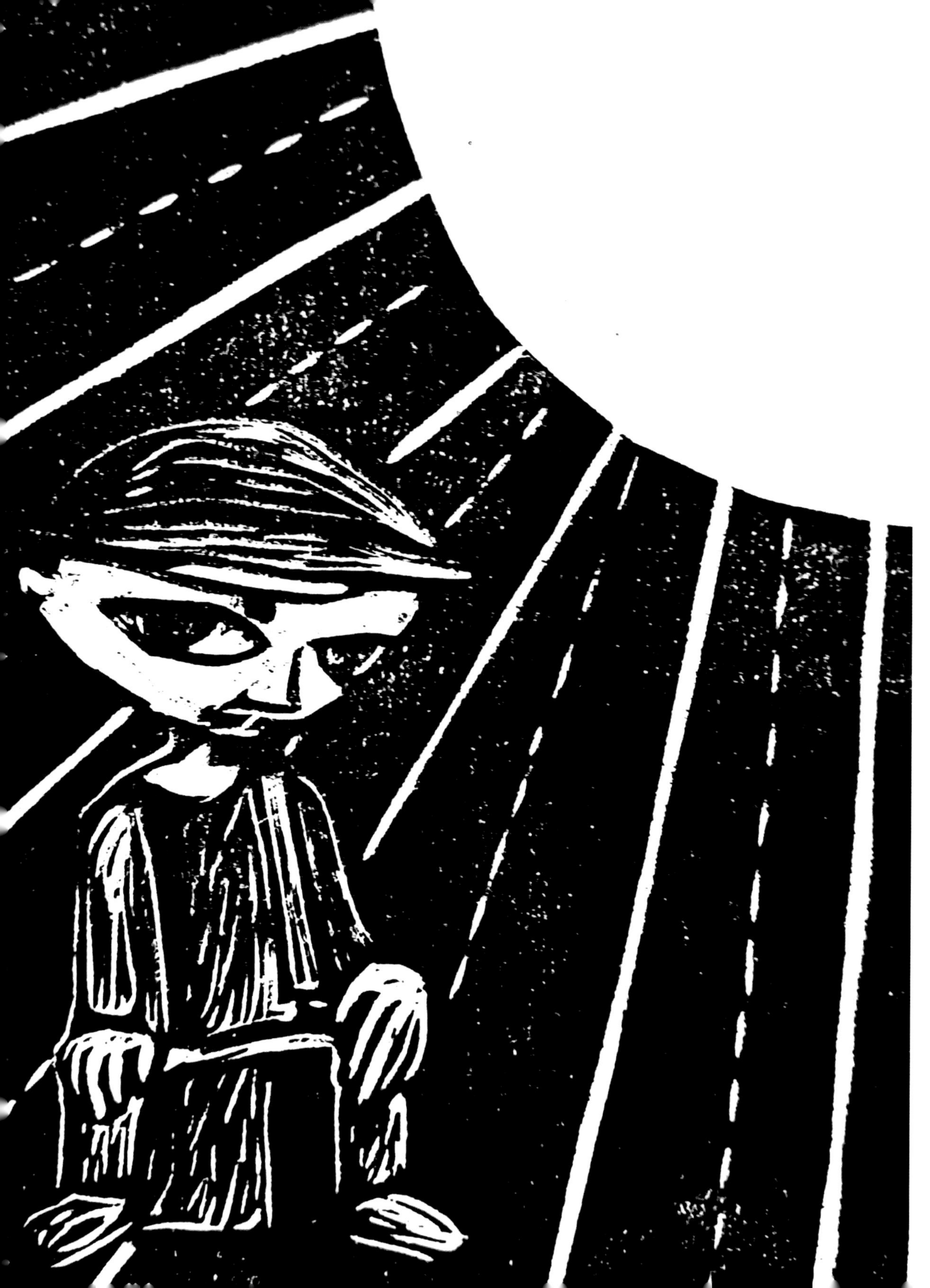

ENQUANTO ENTRAVA NA CAATINGA
ATRÁS DE RÊS DESGARRADA,
XEXÉU SONHAVA COM RESTINGA,
AREIA BRANCA E ÁGUA SALGADA.

LÁ DEBAIXO DO INGAZEIRO,
PASSAVA O DIA A MATUTAR...
QUERIA, SIM, SER JANGADEIRO
E DESBRAVAR O AZUL DO MAR.

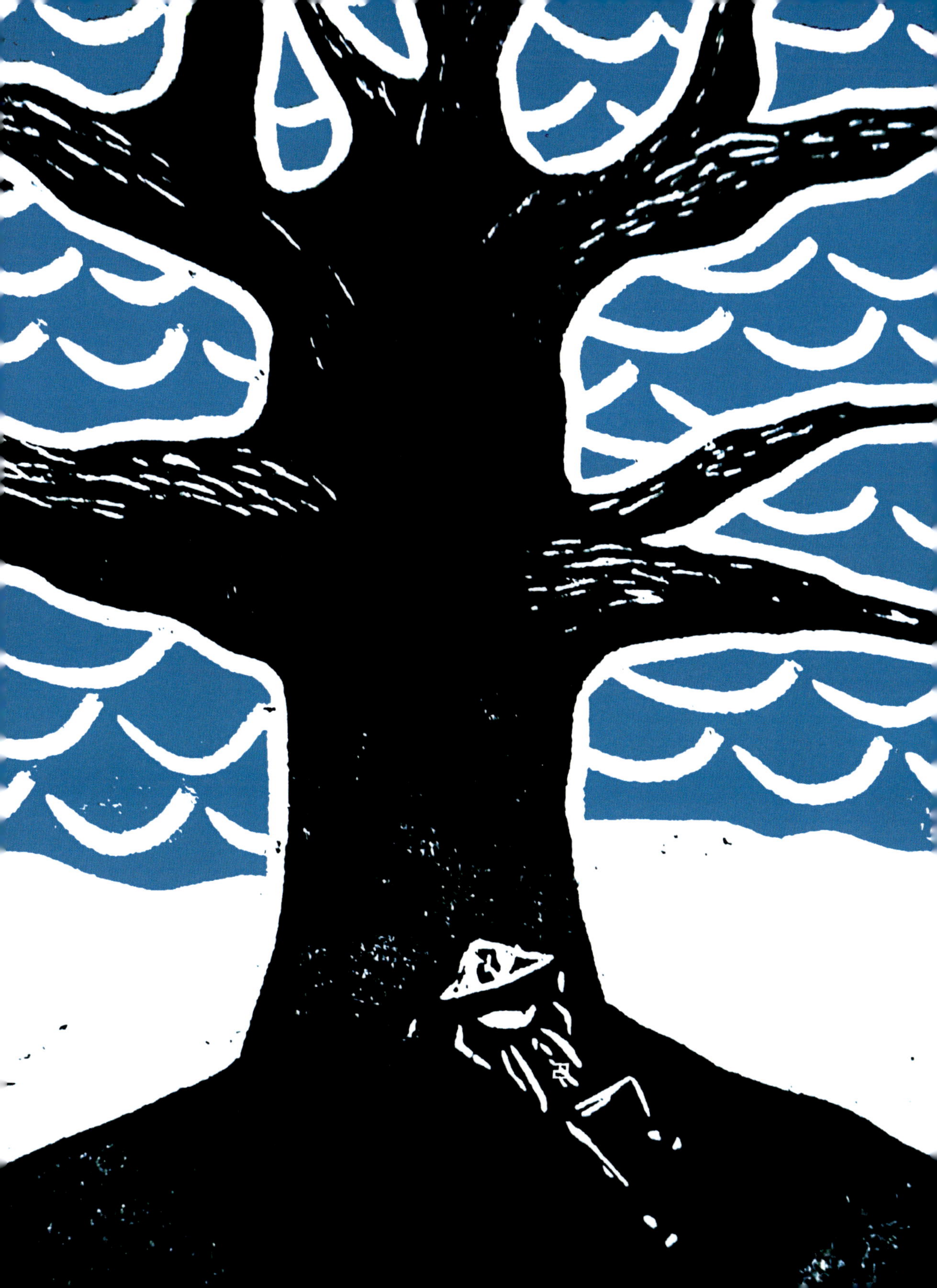

TRAJAVA CHAPÉU DE COURO,
GUARDA-PEITO E GIBÃO.
O OCEANO, SEU TESOURO.
SEU CAVALO, A EMBARCAÇÃO.

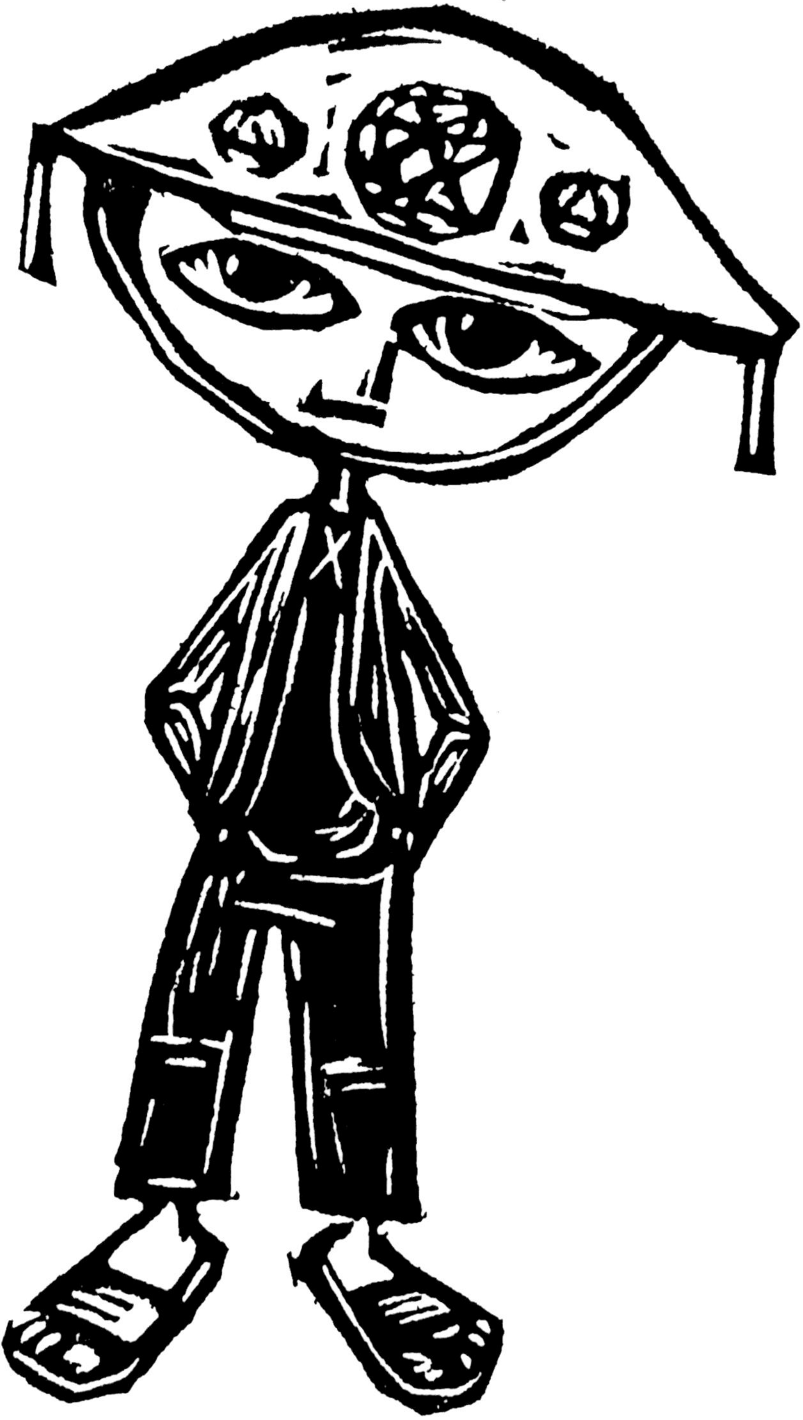

MAS HÁ COISAS NESSA VIDA
QUE NÃO TÊM EXPLICAÇÃO.
PAIXÃO NÃO CORRESPONDIDA
DILACERA O CORAÇÃO.

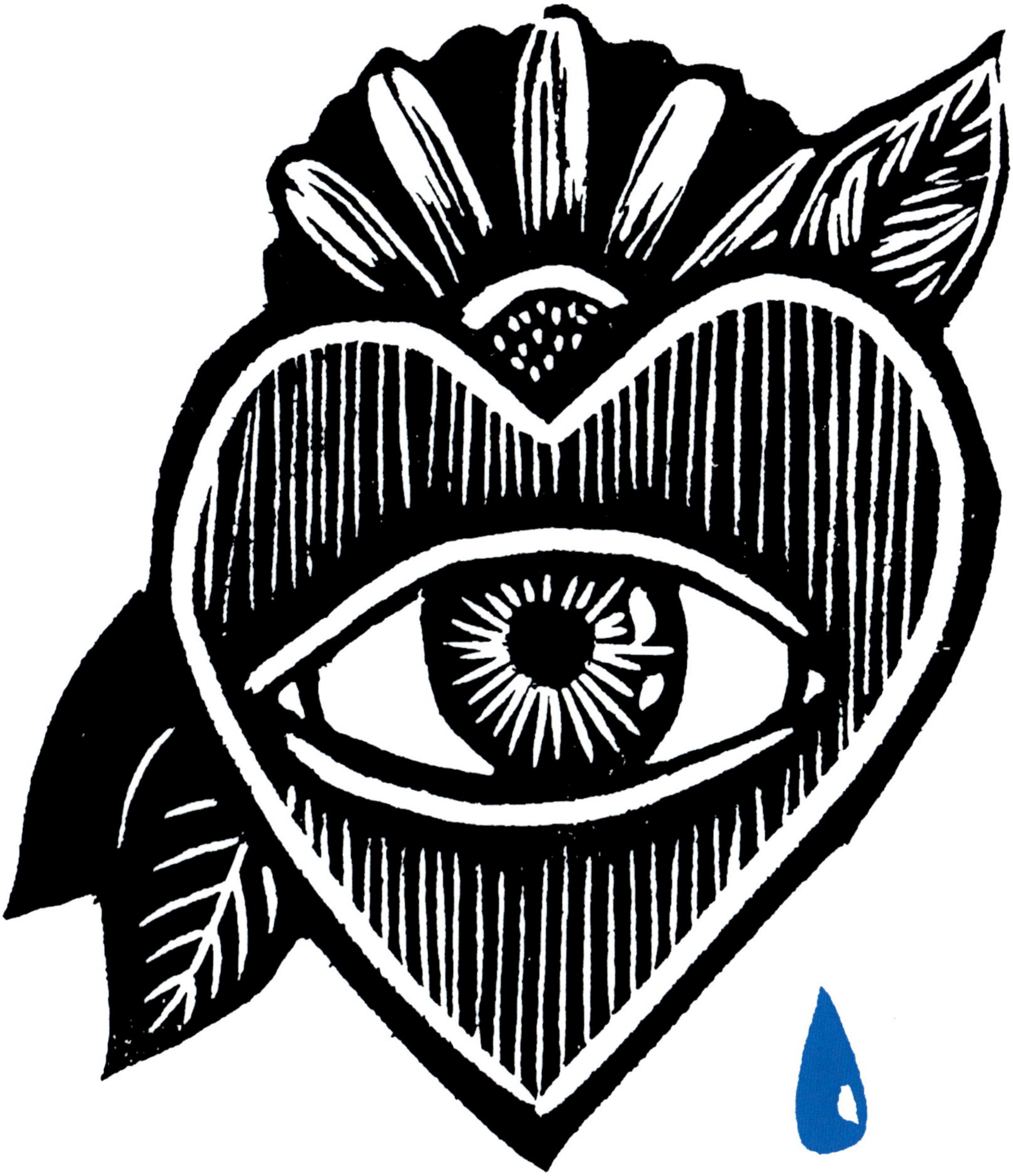

XEXÉU AO PAI CONFESSOU
SEU ANSEIO EXTRAVAGANTE.
SALUSTIANO ABENÇOOU
O FUTURO NAVEGANTE.

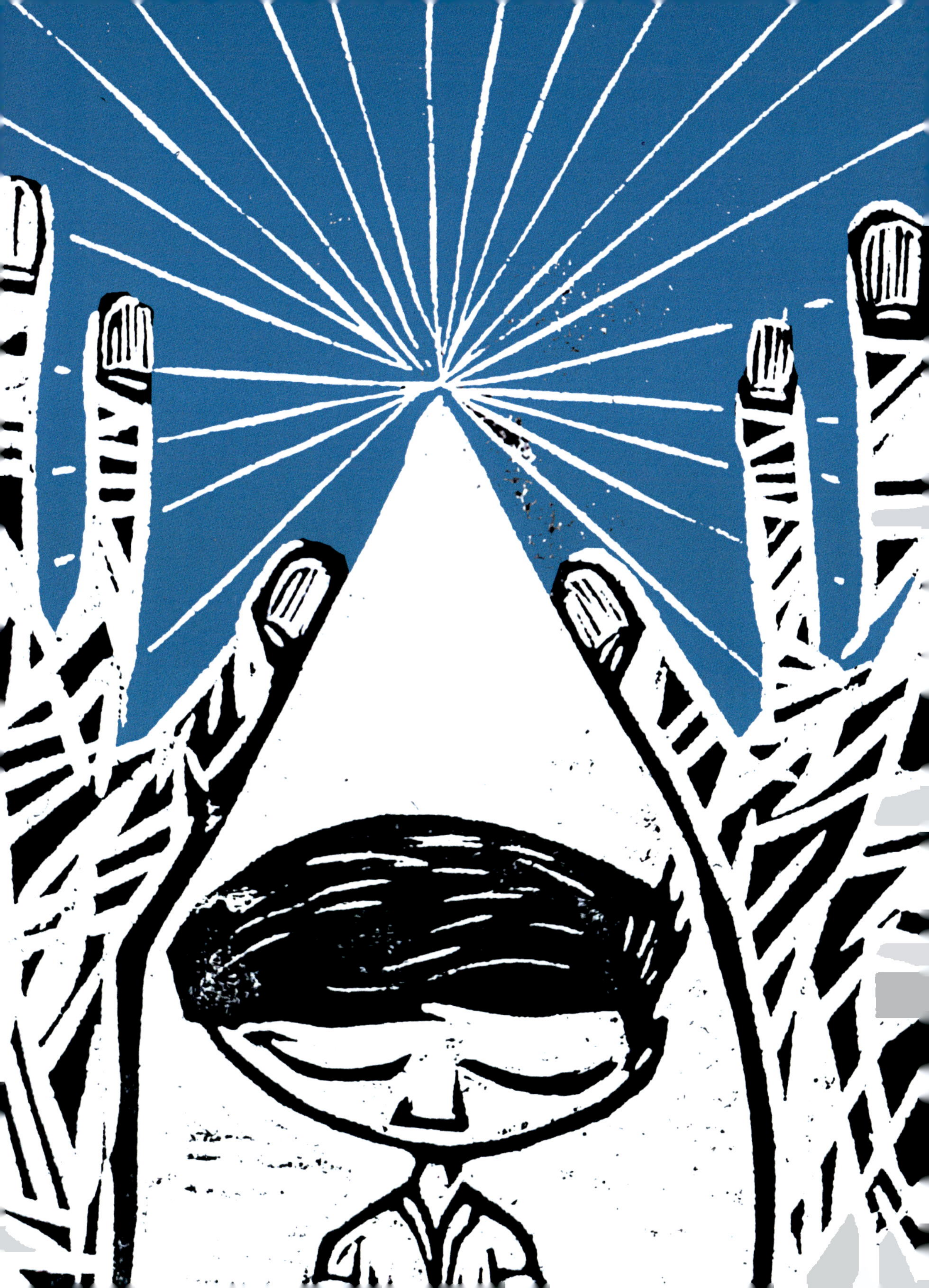

ELE ENTÃO DALI PARTIU
RUMO AO SEU SONHO DOURADO.
DOS IRMÃOS SE DESPEDIU,
CHORORÔ PRA TODO LADO.

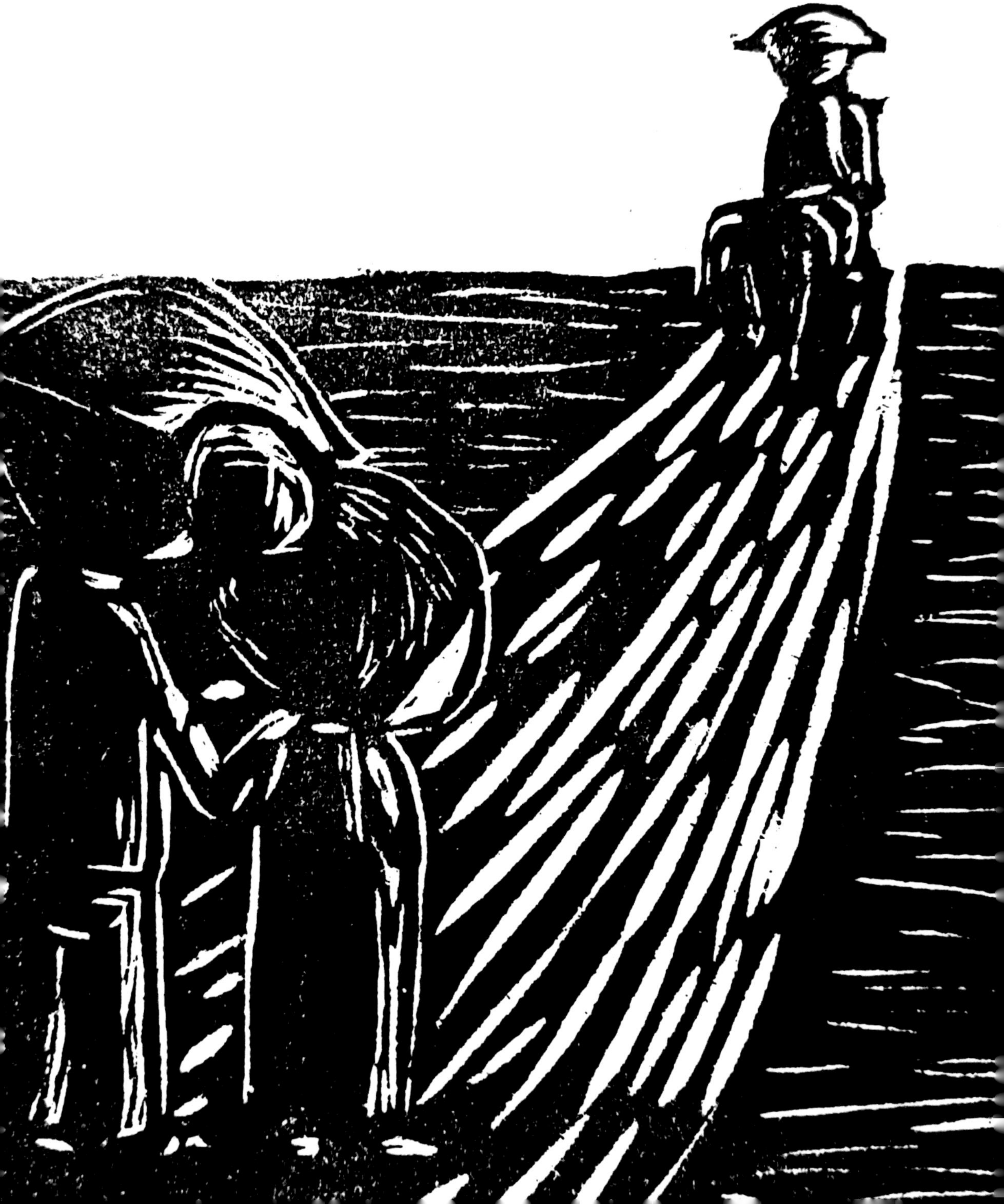

DEIXOU PRA TRÁS A INDECISÃO
E O MUGIDO DO SEU GADO.
DEU ADEUS AO SEU GIBÃO,
ABDICOU DO SEU REINADO.

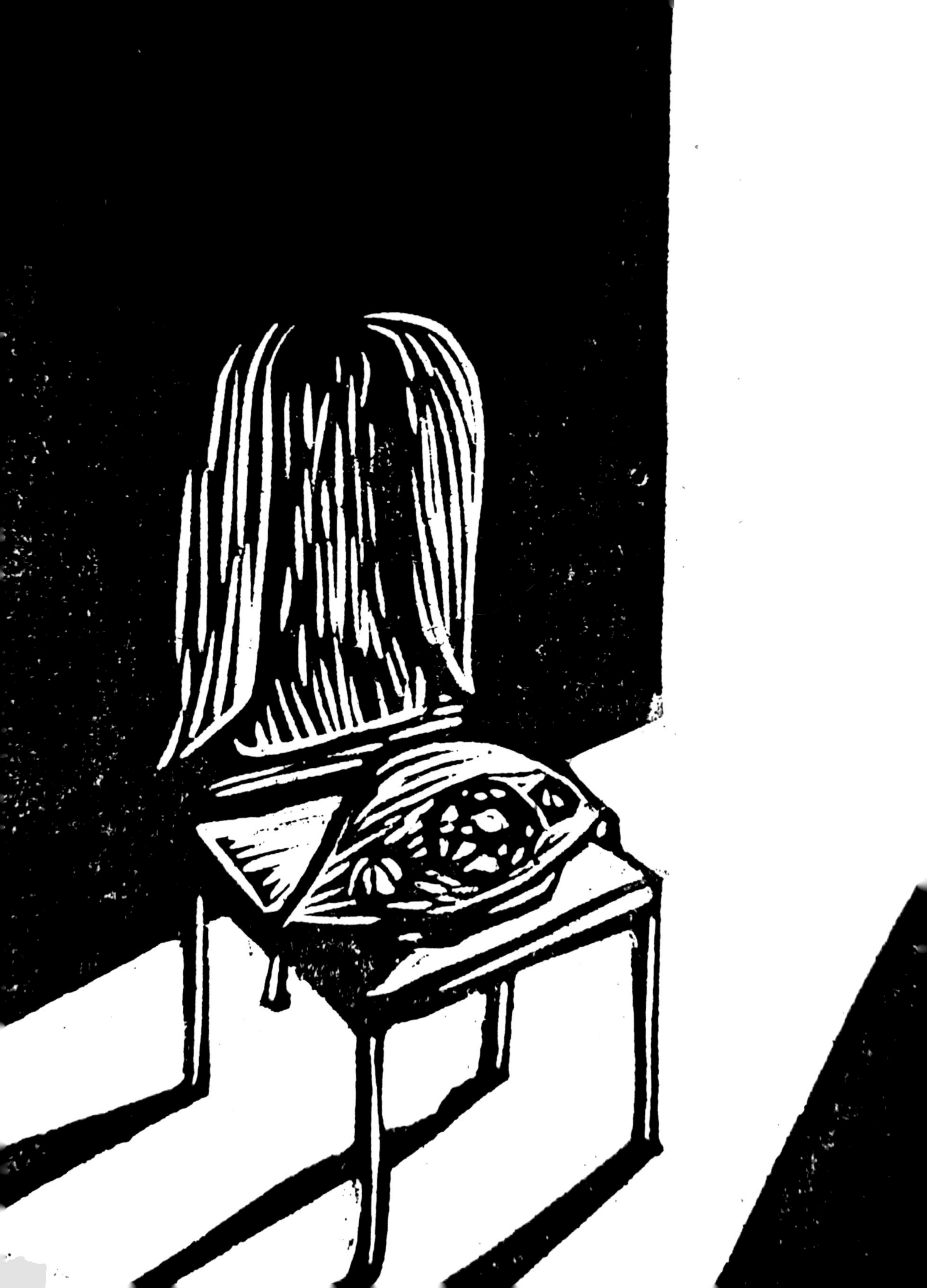

GALOPANDO A SECA TRILHA
QUE UM DIA JÁ FOI RIO,
NA MONTARIA ANDARILHA,
BUSCANDO SEU DESAFIO.

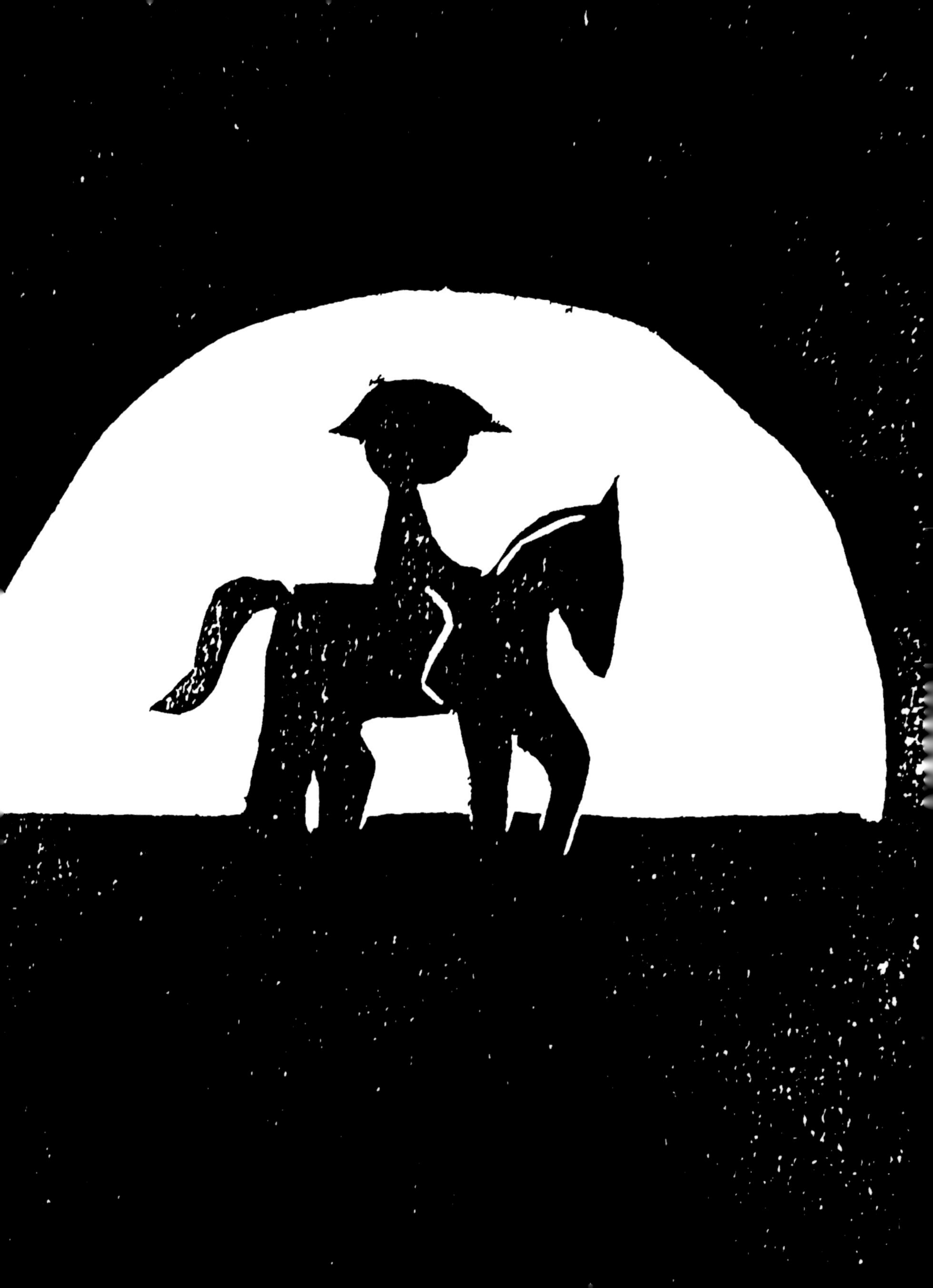

MANDACARU FICOU PRA TRÁS
NA JORNADA DA ESPERANÇA.
AVISTOU OS COQUEIRAIS
E OS DEVANEIOS DE CRIANÇA.

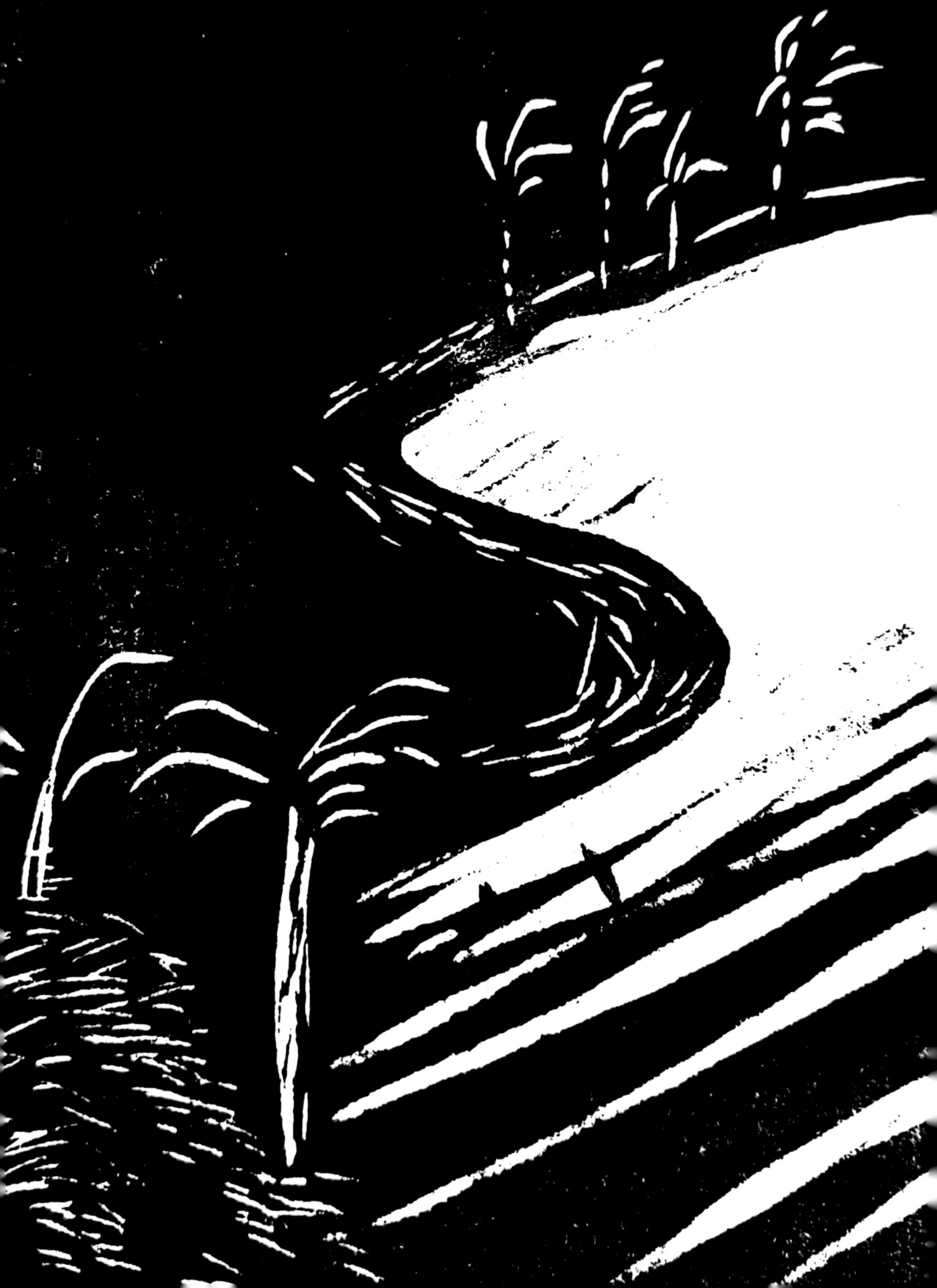

NA VILA DE PESCADORES,
APEOU NOSSO XEXÉU.
RENDEU-SE AOS SEUS AMORES:
PRAIA, SOL, JANGADA E CÉU.

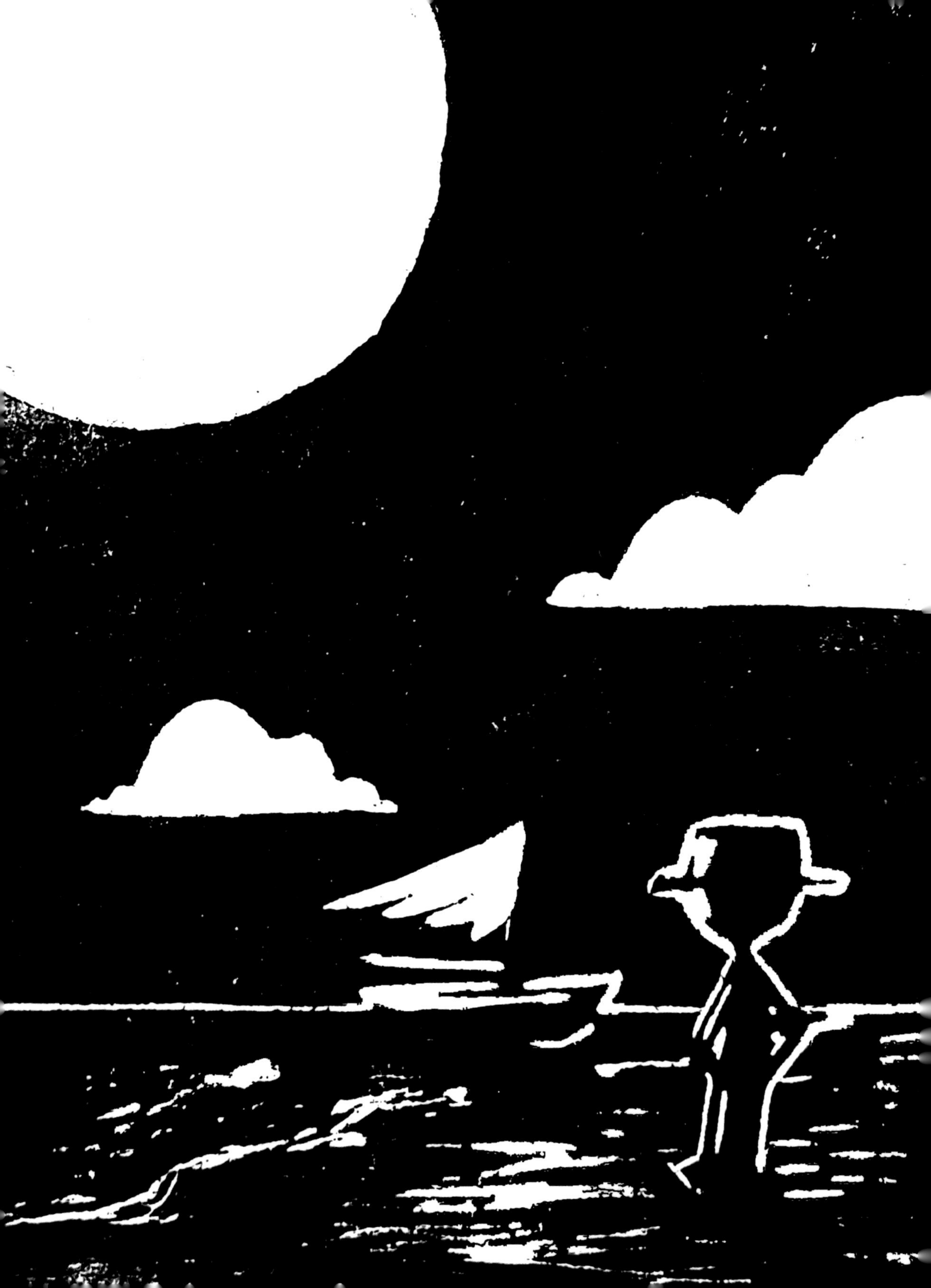

O POVO DO LITORAL,
FEITO A GENTE DO SERTÃO,
TEM A ALMA SEM IGUAL,
QUE TRANSBORDA COMPAIXÃO.

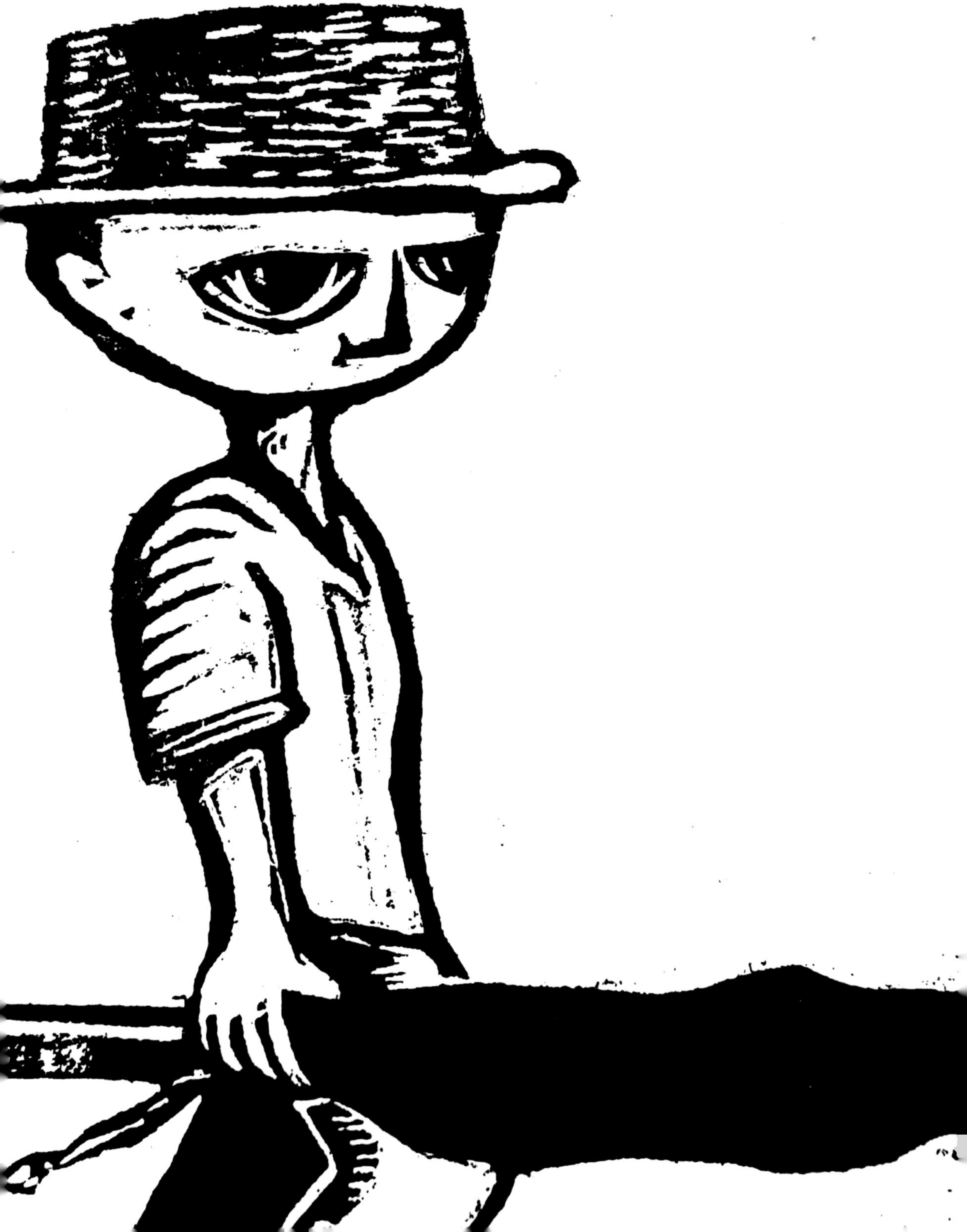

ANTE O RELATO DO MENINO,
CARREGADO DE EMOÇÃO,
ENCANTADOS DE FASCÍNIO,
O ADOTARAM COMO IRMÃO.

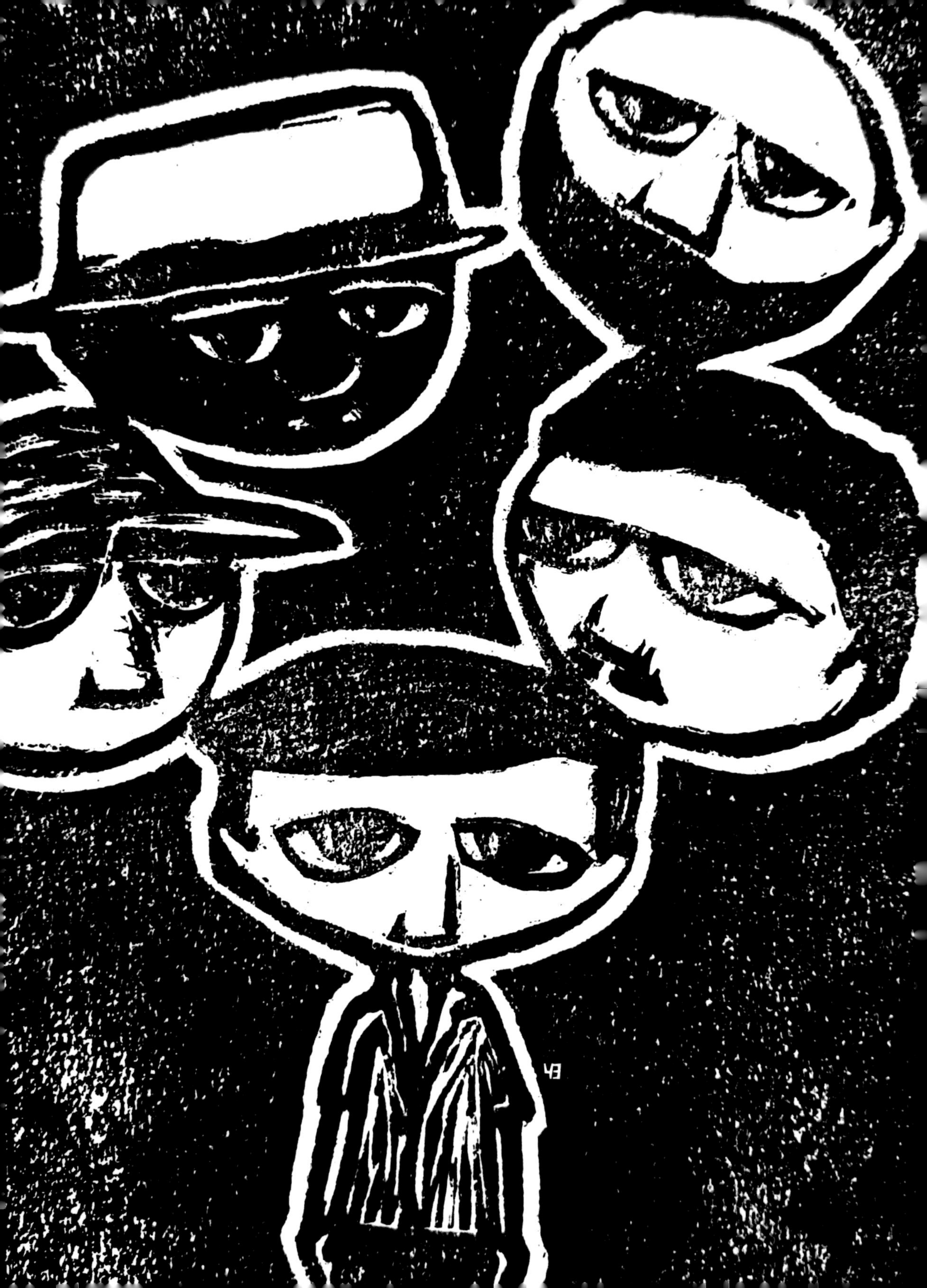

QUEM UM DIA FOI VAQUEIRO,
ABOIANDO NO SERTÃO,
TRANSFORMOU-SE EM JANGADEIRO
E LANÇOU-SE À NAVEGAÇÃO.

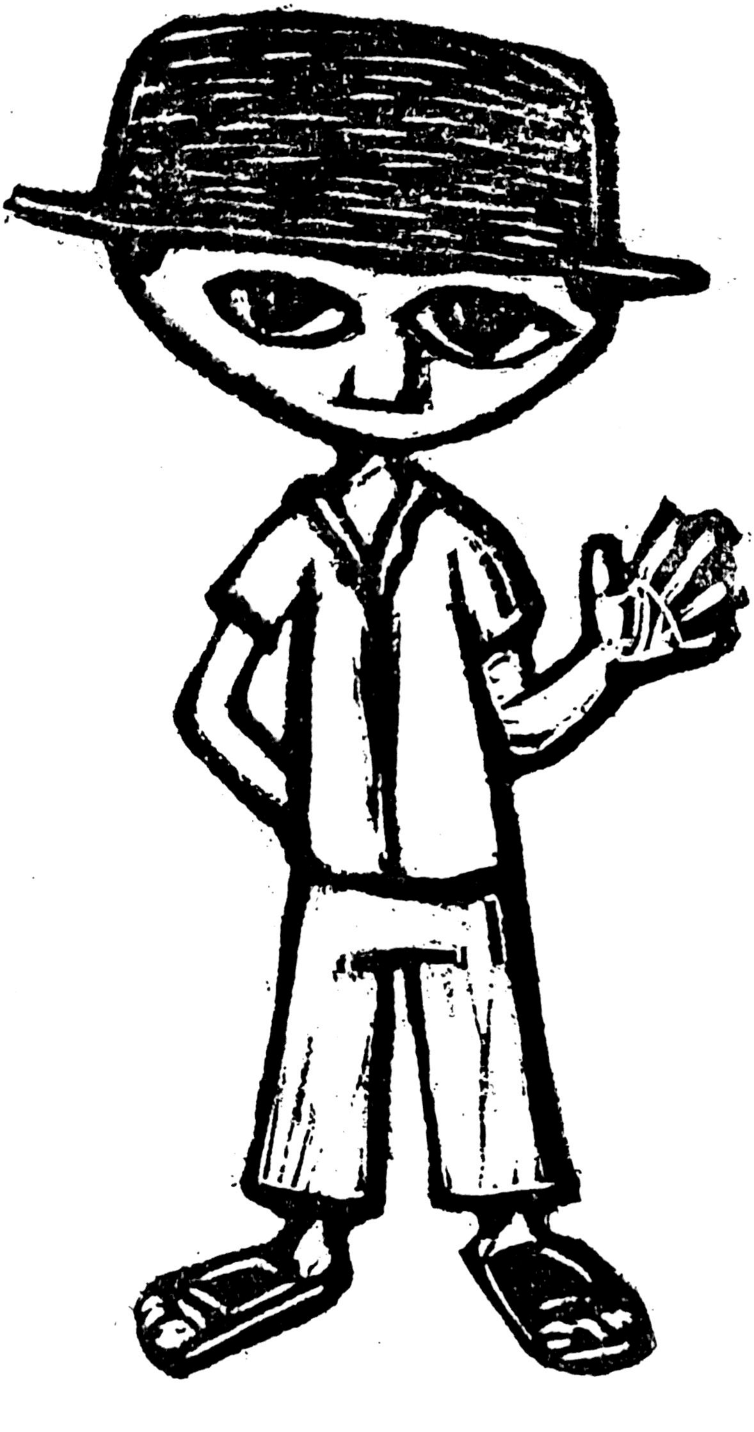

O ANTIGO SONHO DE CRIANÇA
TORNOU-SE ENFIM REALIDADE.
NAVEGAVA EM BONANÇA,
SINGRAVA EM FELICIDADE.

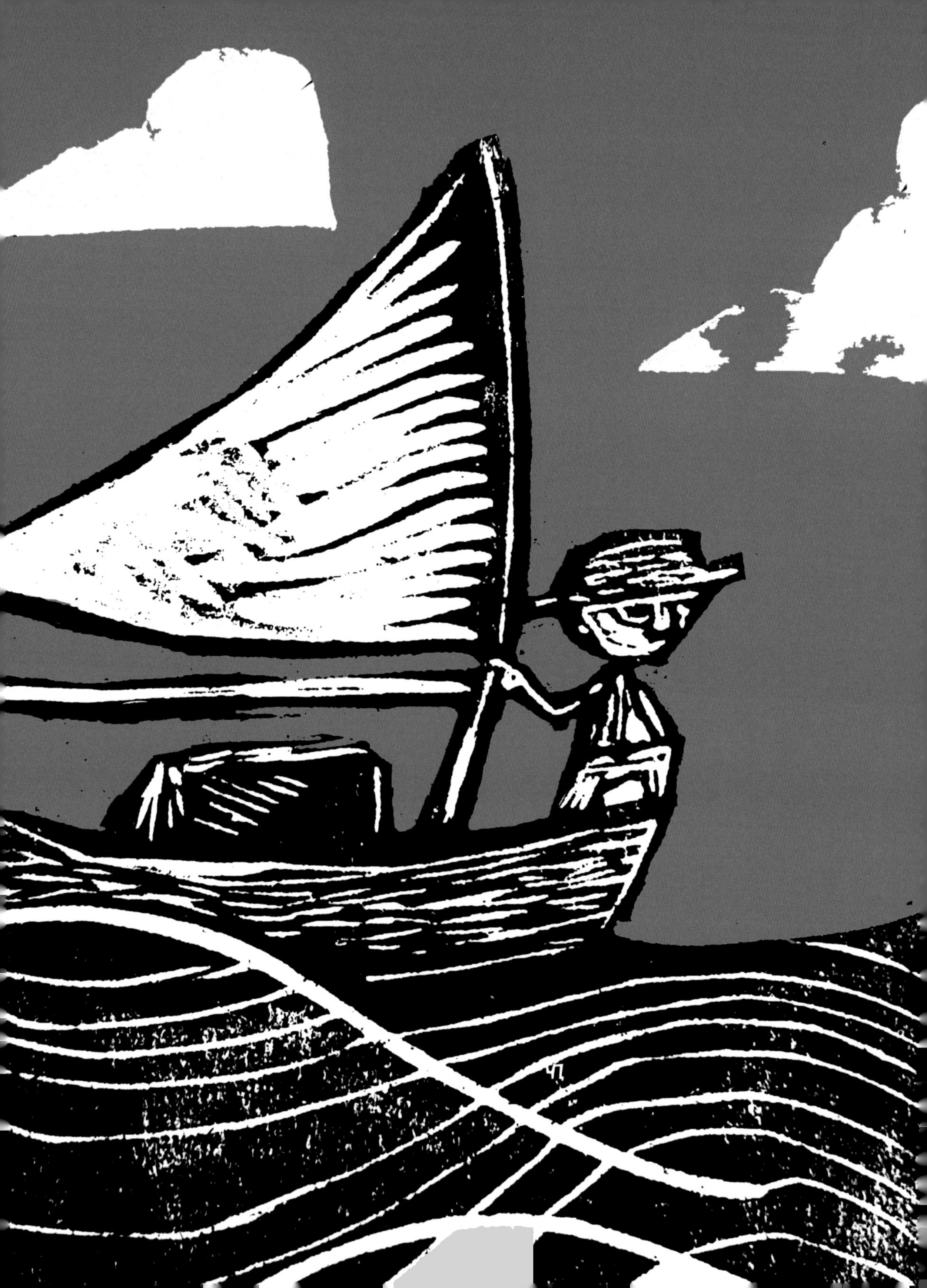

VELAS, REDES, SAMBURÁS,
VENTOS, ONDAS E MARÉS...
A BRISA QUE LEVA E TRAZ
TEM TAMBÉM O SEU REVÉS.

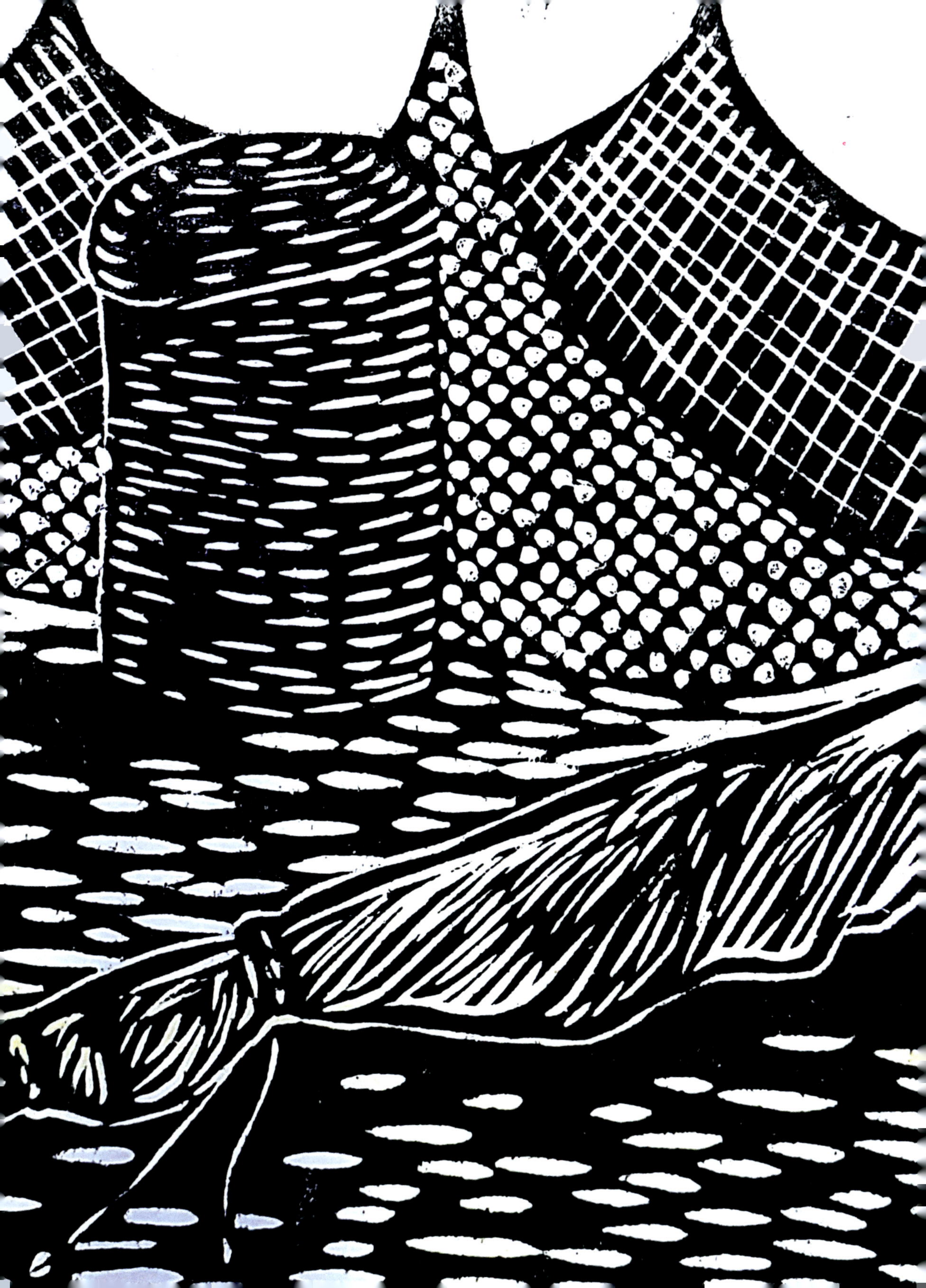

NO MEIO DA MADRUGADA,
TEMPESTADE SE ANUNCIOU.
SUA JANGADA AÇOITADA
COM O SONHO DE PESCADOR.

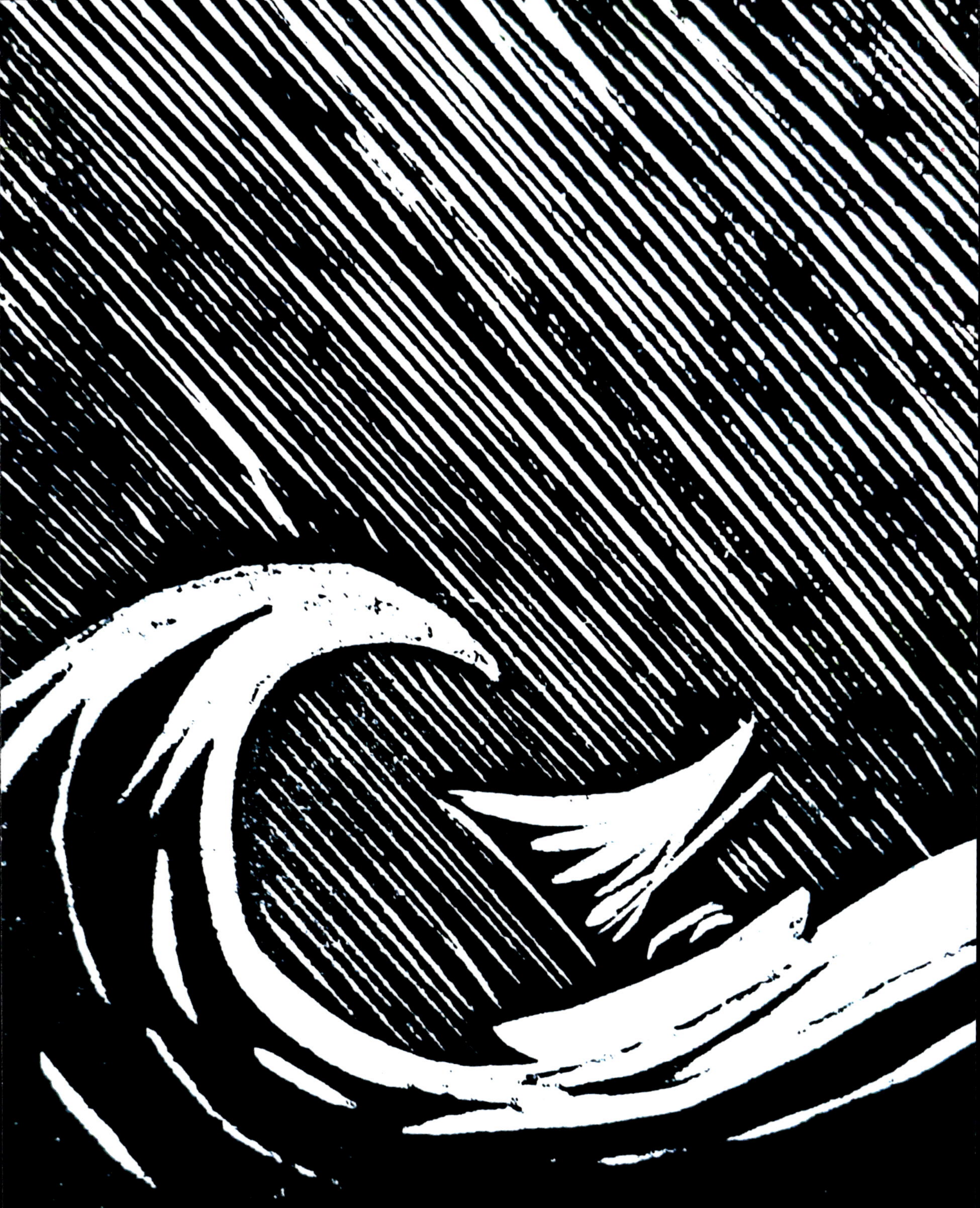

O APRENDIZ DE JANGADEIRO
CHOROU SUA TRIPULAÇÃO.
DESOLADO, O FORASTEIRO
FOI ROGAR POR SEU PERDÃO.

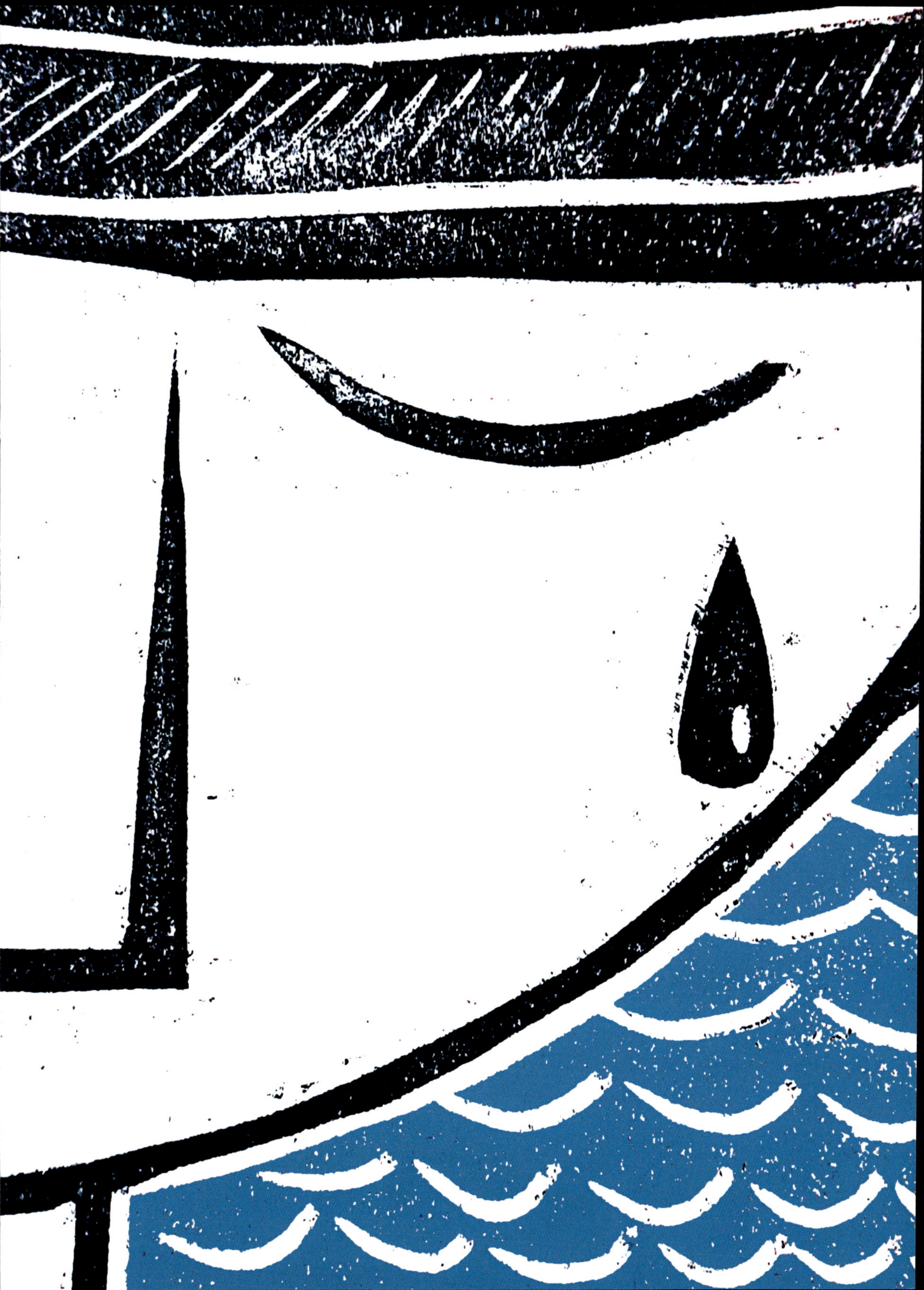

SEPULTOU OS AFOGADOS
E O VILAREJO ABANDONOU.
DANOU-SE DESEMBESTADO,
À SUATERRA REGRESSOU.

CAVALGOU DESILUDIDO
O INFORTÚNIO QUE SOFREU
E CALCOU ESMORECIDO
O CHÃO QUE UM DIA FOI SEU.

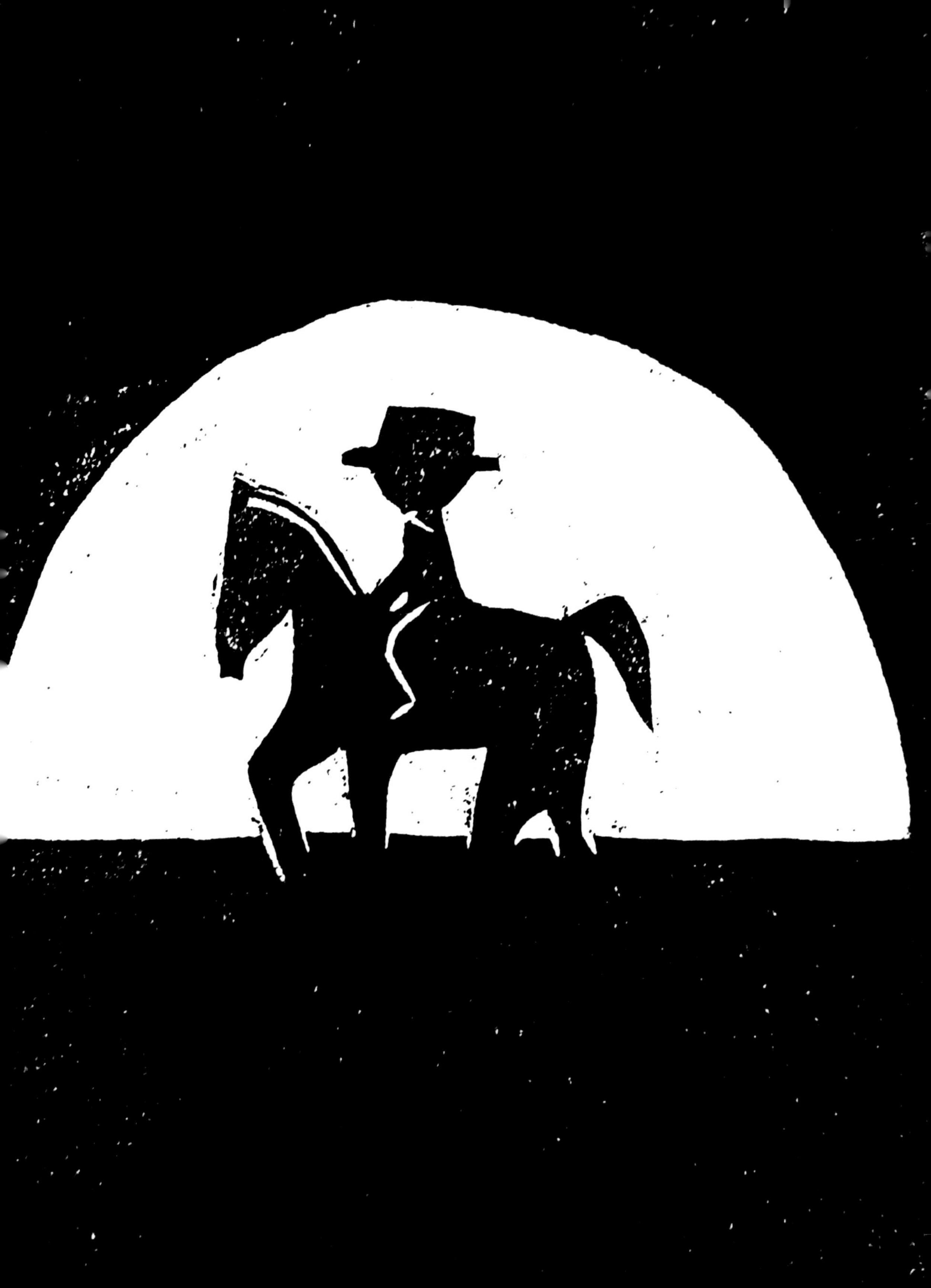

BATEU À PORTA DO SEU LAR.
DONA JOSEFA O ABRAÇOU.
SALUSTIANO A CELEBRAR:
— O PRIMOGÊNITO VOLTOU!

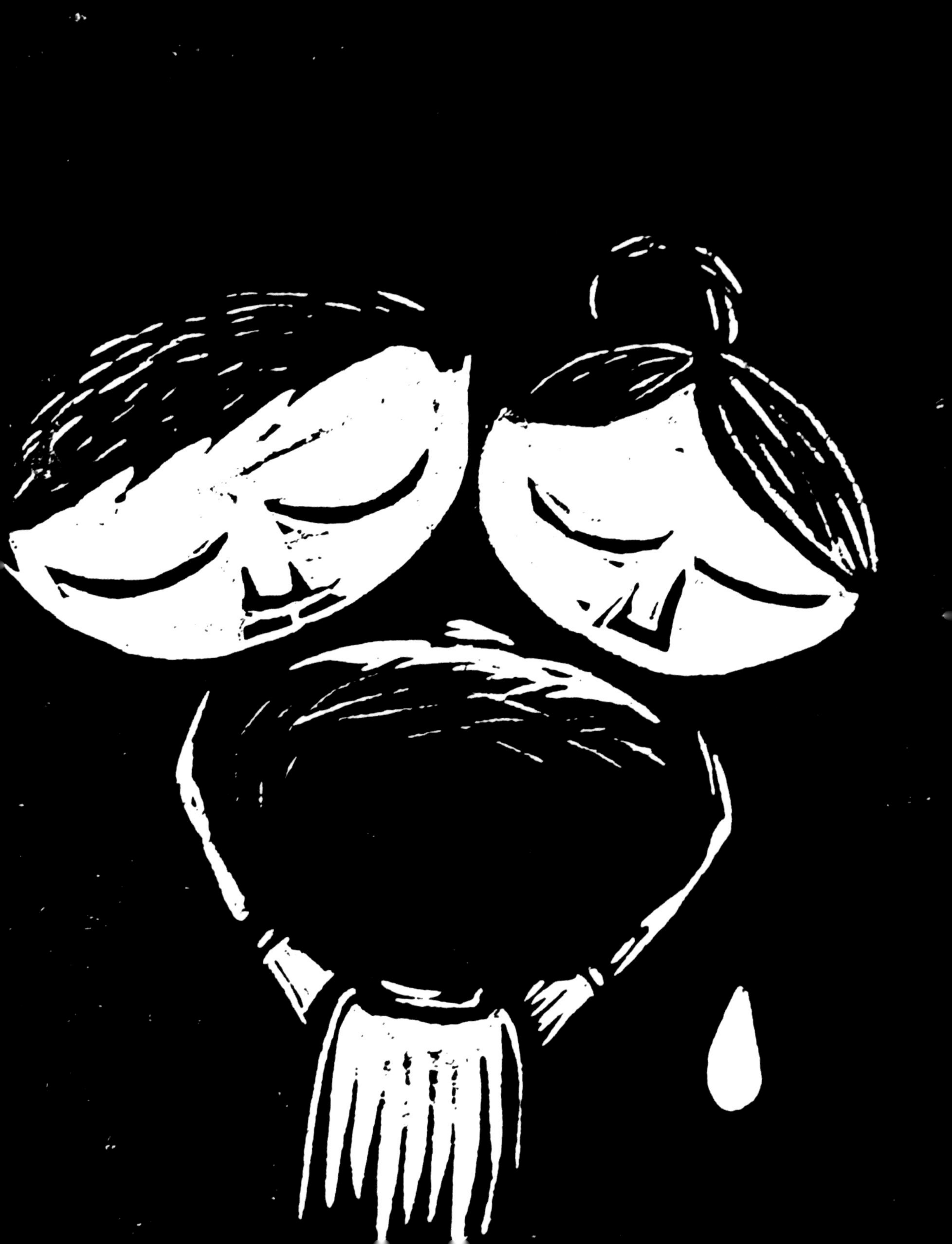

PARA MALGRADO DO PASTOR,
XEXÉU TORNOU A AFIRMAR:
— APESAR DA MINHA DOR,
SEI QUE O MAR É MEU LUGAR!

O PAI OUVIA DESOLADO
O RELATO DO SEU FILHO,
MAS ENTENDIA O SEU LADO,
COM O CORAÇÃO AFLITO.

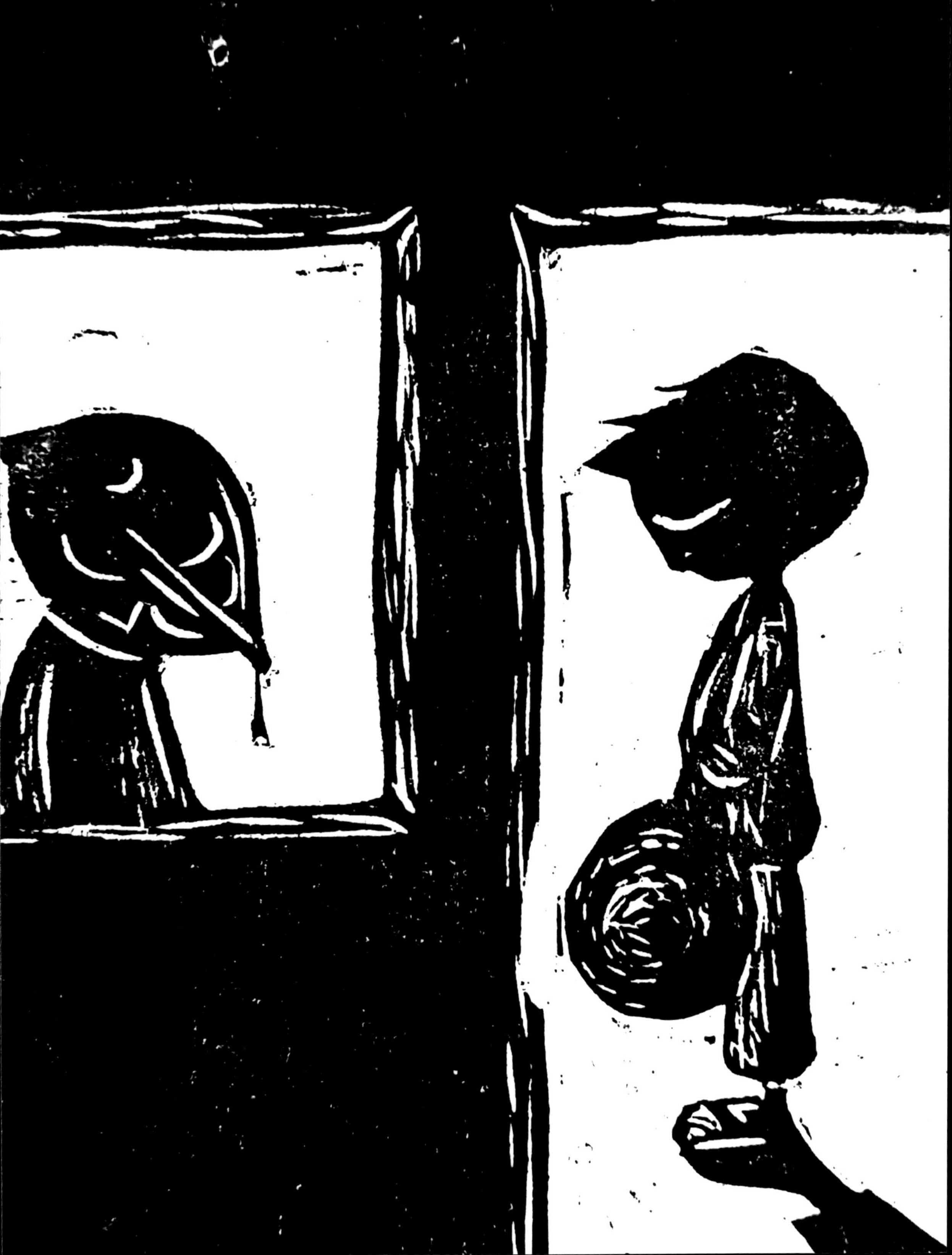

— VAI EM BUSCA DO TEU SONHO,
MEU BRIOSO JANGADEIRO!
PELEJA, O MUNDO É MEDONHO!
— ACONSELHOU O VAQUEIRO.

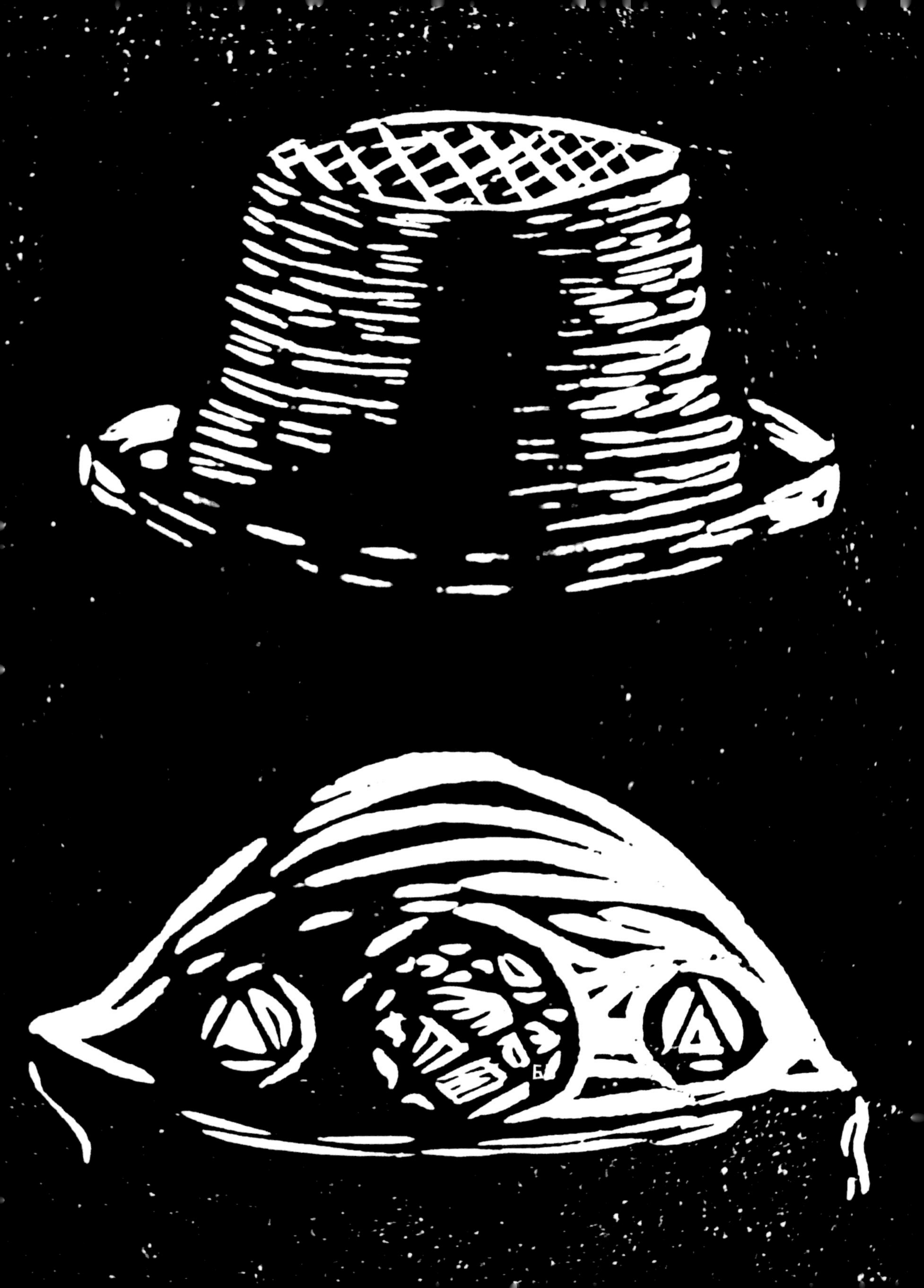

— TU NASCEU CÁ NO SERTÃO,
EM TI CORRE SANGUE AUDAZ!
TOMA O LEME E O TIMÃO,
DO TEU SONHO CORRE ATRÁS!

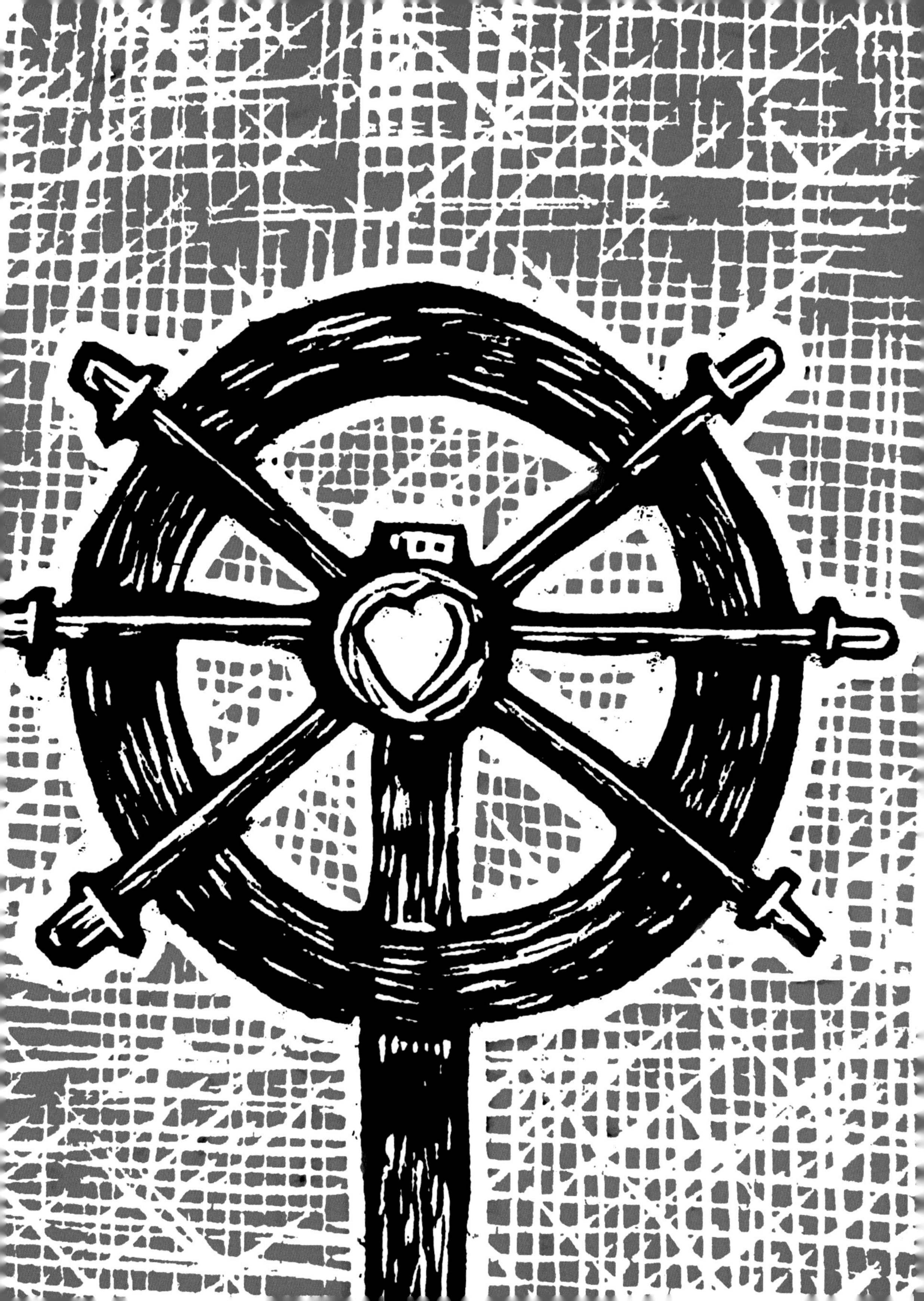

AO OUVIR SALUSTIANO,
XEXÉU O REVERENCIOU.
APARTOU-SE SOLUÇANDO
E AO MAR REVOLTO REGRESSOU.

SOBRE OS CORDELISTAS

 Thais e Frederico são nordestinos como Xexéu e levam consigo o anseio de transformar o mundo por meio da literatura infantil. Idealizadores do projeto "Histórias para a infância", são casados, especialistas em leitura, literatura infantil e contação de história, autores de livros e compositores de músicas para crianças de todas as idades. Que a bravura e a obstinação do menino vaqueiro que sonhava em ser jangadeiro inspirem você a lutar por seus ideais.

SOBRE O XILÓGRAFO

Formado em violão clássico pelo Conservatório de Tatuí e em Letras pela Unesp de Araraquara, Vitor Pedroso é professor de música pelo Projeto Guri desde 2011. É xilógrafo e ilustrador. Em 2020, participou da mostra "Yo me quedo en casa", promovida pelo MAMM, de Mendoza (Argentina). Em parceria com o tradutor e poeta Fábio Cairolli, publicou uma série de cordéis bilíngues (latim/português) com traduções de obras de Virgílio, Ovídio, Marcial e Horácio. Lançou, pela Editora Urutau, "Era o chão" (2021), livro infantil ilustrado com xilogravuras em parceria com a autora Rebeca Chibeni. Ilustrou "Linguamundo", de Anderson Piva (Editora Partesã, 2019). Em 2021, participou da Trienal de Gravura de Grenchen (Suíça). É organizador do Escambo Gráfico.

Esta obra foi composta em Xilosa e
impressa sobre papel offset 150 g/m²
para a Saíra Editorial em 2025